咖啡時間

召喚幸福的27個智慧

Ryuho Okawa

川隆法

Coffee Break

台灣幸福科學出版有限公司

前言

對於不喝酒的我而言，有時在工作期間忙裡偷閒，品嚐咖啡，是比什麼都還要愉快的事。

喝杯茶、咖啡休息片刻，如此咖啡時間是我最喜歡的。

本書試著彙集了一些沒那麼嚴肅的主題，希望各位能一手端著咖啡或紅茶，就像和我輕鬆聊天一樣，時而翻閱此書。若本書能成為您心靈的綠洲，我將感到十分高興。

二〇〇六年　六月

幸福科學集團創立者兼總裁　大川隆法

目 錄 *Contents*

Chapter

2 為了獲得幸福的戀愛和結婚

Chapter 3 讓家庭更幸福美滿

Chapter 4

成為一個能喚來成功的人

Chapter

5 改善不和諧的人際關係

Chapter 6 從今天開始向前邁出一步

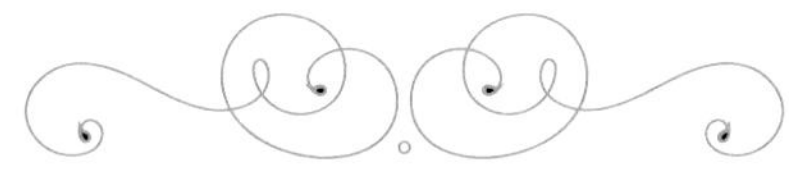

Chapter 1

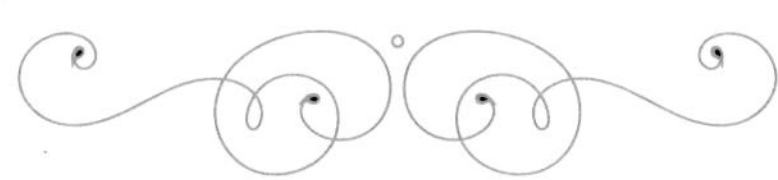

稍微放鬆一下心情

1 運氣不佳時，能自我振作的思考方法

我認為人生和命運，在某種程度上存在著週期性。

雖然很難說是以幾年、或者是以幾個月為週期。但是，每隔幾年就有一個週期似的，運氣時好時壞。

實際上最光輝的時代，正是從所謂的逆境期開始的。

試著想一想，在人生的轉換期，肯定會發生與環境不協調，或者和他人不協調的事，此時會出現精神上的痛苦，這也是事實。

那麼，如果沒有這些逆境的話，能說是好事嗎？我認為並非如此。

「痛苦的時期，同時也是美好事物開始的時期」——各位可以從這樣的角度來看待事情，這麼一來，逆境就不可怕了。

為什麼說不可怕呢？

各位可以這麼想：「在命運的逆境期，靈魂能夠得到最好的食糧，能夠得到最好的經驗。」

這一點，若以竹子做比喻的話，即是相當於竹子長竹節的時期。

竹子從一冒出芽，一下子就順利地長了二十公分、三十公分，但是不久後就不得不長節了。這個時候，恐怕會感到痛苦吧！

總之，命運或運勢，在一定程度上是有週期性的，有好運、順境的時候，亦有壞運、逆境的時候，而在人生當中亦有成長、長竹節的時候。

逆境之時即是長竹節之時，待竹節長好後，就會長出新的枝條來。

所以，若正處於痛苦時期，應持著「現在正在長竹節」的心態，邁向下一個成長的道路。

「痛苦的時期，同時也是美好事物開始的時期。」——

如果能這樣思考，逆境就不再可怕。

2 稍微動動腦，讓消沉的心情愉快起來

如果認為自己是很無聊、很沒用的人，那就真的無可救藥了。

請不要那樣想，要知道「自己是由佛所創造出來的佛子，是很了不起的人。」這是很重要的想法。

另外，要持有這種積極態度而活著：「人是為了獲得幸福而存在。人有著要變幸福的義務。」

成天盯著悲慘的自我形象，事情絕不會好轉。重要的是改變自己根本的想法，讓自己形象光彩照人。

怎樣做才好呢？重要的是要創造一種「有好事」的氛圍。

從小事當中發現喜悅，持有著發現成功種子的態度，創造一種光明的氛圍。

即使有煩惱，只要稍微動動腦筋，情緒就能夠藉此轉換。

譬如，買一條新的領帶。要選平時不常穿戴、非常有品味、顏色鮮豔或紅色的領帶。

或者，到沒去過的高級餐廳用餐、做一套新西服、買雙新鞋等等。

重要的是透過這些新的體驗，想方設法地提高自己的情緒。

家庭主婦的情況也是一樣。

譬如，總是被丈夫抱怨的妻子，不妨試試稍微改變一下自己的形象。

丈夫也許厭惡了妻子的樣子，一看到總是穿著同樣衣服、閒在家中的妻子，就會很氣憤，也許就會不由地想發牢騷。

所以，試試一週一次，變換一下穿著打扮，來迎接你的丈夫。

下班回家的丈夫，看到妻子新的妝容，一定會很驚訝，必會不由自主地問：「今天有發生什麼高興的事嗎？」可是如果妻子回答：「沒什麼特別的！」那丈夫就會更加在意。於是，話題就會多起來。

就像這樣，首先在自己的週遭下一點功夫，逐漸恢復愉快的氛圍。這些細微的用心，往往人生會開啟意想不到之路。

從身邊尋找突破點，如果順利的話，那麼下一步，就是要積極地採取行動。

在自己的週遭下一點功夫，

逐漸恢復愉快的氛圍。

這些細微的用心，

往往人生會開啟意想不到之路。

3 一笑現後光

像陽春三月般，打造出溫暖的氛圍，這是獲得成功的秘訣。

人的心中會發出各種波長，透過展現笑顏，可以像調整收音機頻道一樣，改變其波長。

於是，從身上發出的波長將變得非常柔和。

從後光的角度來看，真的如此。

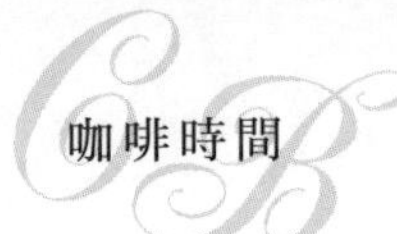

因為我能靈視，所以一照鏡子，就能看見自己的後光。

通常後光是有一定形狀的，對著鏡子裡的自己，只要一笑，啪的一下後光就會出現。這就是法則，只要一笑，啪的一下就會出現。

透過做出笑臉，的確可以消除全身的緊張。由於神經緊張的消除，心情便會跟著放鬆。而心情一旦放鬆，就會變得容易接受光明。

為了接受天上界的光明，重要的是在某種程度上，自己需處於被動接受的狀態。

自己集中精力忙得不可開交時，是難以接受光明的。調整出開放性的精神狀態，是接受光明的條件之一。

在瞑想中，雖然要採取一定的姿勢，但也因此會變得容易接受

光明。

我們不僅要依靠自身的力量，有時還得借助他力。

對於笑容，各位首先應體會到：「幸福和笑容是如影隨形的，只要一笑，幸福是會跟著笑容而來。」

透過展現笑顏，

可以像調整收音機頻道一樣，

改變心的波長。

4「杞人憂天的外星人」

～一則不好笑的故事

有個外星人乘著飛碟，從遙遠的星球來到地球，恰好在梅雨時期降落於日本。

「來到這個叫地球的星球，不知道怎麼了，拼命地下雨，實在是沒意思，真想儘快離開這裡。」那個外星人若是這樣想的話，那

就失去了進一步探索地球的可能性。

有關地球的可能性，以及自我活動的可能性，都會因此而結束。

可是，在地球上，雖有時會陰雨綿綿，但也有放晴的時候；問題在於是否有察覺到這一點。

如果天氣突然放晴的話，他們可能會認為：「這個叫地球的星球，還真是個適合居住的好地方。」

可是，因為初次到來時，正好遇上下雨，就草率地下結論：「唉！這個星球真差，這樣的地方不好。」那麼，就斷送了其他的可能性。

因自己的草率而放棄了可能性，而不得不尋找下一個星球，在宇宙空間繼續漂泊；這是非常不划算的。

留在地球上，最長一個月，梅雨季節就會過去。可是，缺乏這樣的忍耐而離開地球的話，結果又得在宇宙中漂泊幾十年。

這就是所謂的杞人憂天的外星人。

這雖然是外星人的例子，但各位其實也正在做差不多一樣的事情。

比如，結了婚的各位是否曾想過：「要是換個伴侶就幸福了！」說實話，有沒有人想過？

「如果不是現在的妻子……」「如果不是現在的丈夫……」等等，在已婚的人中，不只百分之五十的人曾想過吧？恐怕八、九成

的人都曾這麼想。

明明知道這樣想不對，可心裡還在犯嘀咕：「如果能換的話，不，如果能及早發現的話，就有可能過上不一樣的人生。」三十年來都是這麼想……。

然而，這就像梅雨季節登陸地球的外星人一樣。

此時很重要的，就是想法的轉變，要有新的發想，要經常考慮是否有其他的觀點。

另一個就是努力或下工夫；這一點極其重要。

要經常考慮
是否有其他的觀點。

5 偶爾稱讚一下自己吧！

能得到他人的讚賞，是一件很令人高興的事。

在幸福科學當中，教導人們要用正確的話語來稱讚他人，要用溫和的言語待人，要施愛給他人。

可是在現實中，對他人講溫柔的話語、施愛給他人的人，實在是太少了。

因此，如果得不到他人讚賞的話，那就偶爾稱讚一下自己吧！

雖然有各種各樣的看法，但關於自己，只有自己瞭解最多，所以應試著改變一下想法。

「和某人相比處於劣勢」、「如果不這樣的話，就會失敗」，老是這樣想，也許就會覺得「自己是個沒用的人」，難道就不能換個角度看看嗎？

現在的自己，與小學時期相比，應該成長了很多。

十幾歲的時候曾擔心：「這樣的自己，會不會一輩子也結不了婚呢？」可如今卻在為「娶了個不中用的妻子」而苦惱。

然而，從原以為「結不了婚」的自己來看，僅僅「結婚了」這件事，難道不是很了不起嗎？

另外，「即使是這樣不中用的妻子，卻還能一直養活著她，難道不是很了不起的嗎？」也可以有這樣的看法吧！

有的人因為孩子不成材而苦惱，可也有另外的看法：「即使是這樣不爭氣的孩子，也一直養著，難道不偉大嗎？」

年過六十歲，卻還是一名普通職員的人，也可以這麼看：「雖然六十歲仍是一名普通職員，但是還能繼續工作，這難道不是因為熱情還很高嗎？」另外，還可以認為：「僅僅不生病，不就已經是很了不起了嗎？」

為頭髮而煩惱的人，也可以想：「完全沒有頭髮的人不在少數，我的頭上還留有一圈頭髮，這不是很厲害嗎？」、「雖已白髮蒼蒼，但是像浪漫主義詩人葛雷那樣，不也是很帥嗎？」

像這樣換個角度看待事情；如果得不到他人稱讚，偶爾也要自己稱讚一下。

若是每天都稱讚自己，或許有點過分，但每週差不多一次，「自己都已經這麼憂鬱了，偶爾試著稱讚一下自己！」

每週差不多一次，

「自己都已經這麼憂鬱了，

偶爾試著稱讚一下自己！」

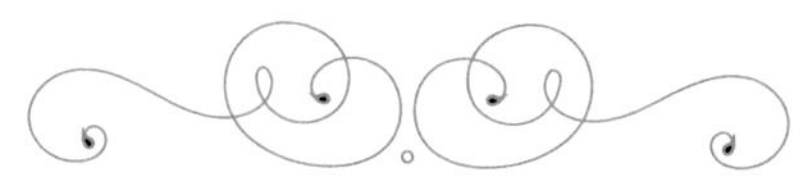

Chapter 2

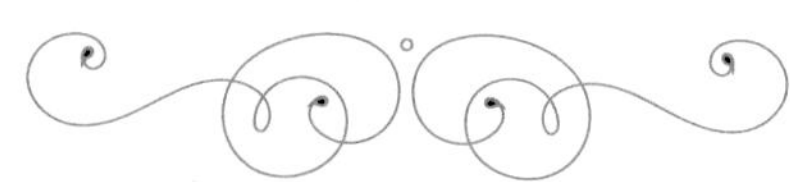

為了獲得幸福的戀愛和結婚

6 真的有「命運的紅繩」

人在轉生到世間前，在天上界就已經和將來的結婚對象約定好了。

換言之，就是和那個人相約，往後數十年要在一起，共同努力，建設理想家庭。

當然，有時會出現配偶因病早逝的情形。於是，也有人會再婚。

就像這樣，有人會預定如此複雜的人生。

可是，原則上在轉生於世間之前，都已和特定的人約定好了，決心在往後數十年間，共同建造理想家庭，為社會貢獻，然後才來到這個世上的。

不要忘記這個原點。

建設家庭的原點，就是實現於出生之前的這個約定。

人在轉生到世間前，

在天上界就已經和將來的結婚對象

約定好了。

7 要是本命的「紅線」斷了怎麼辦？

如果搞錯了，和沒有約定的人結了婚，那該怎麼辦？這種情形的確會出現。

要保證百分之百的一致，確實很難。

譬如，數十年前發生的太平洋戰爭，當時有許多男性因此死亡。

因此當時的女性超過男性好幾倍。

那麼，是不是說那時年輕的女性，都是計畫終生單身而轉生的嗎？肯定不會是，這樣的事是不可能的。

原本想：「如果可能的話，要和此人結婚。」可是對方死於戰爭，這種事不在少數。

如果是這種情形，會變成怎樣呢？有非常多的情況是，自己會和前世多少有些緣分的人，互相結合在一起。

轉生在同一個時代，不會只有你跟另外一個人而已，往往在前世生於同一時代的人，會集體轉生到世間。

所謂的夫妻緣分，就是「A君和B小姐結婚最好」，然而，這樣的最佳組合當然分幾個層次，也有候補的。

「這個人若不行時，還有另一個人。要是另一人又被搶走了，還有另一個人。」就像這樣，大家都有兩、三個左右的緣分預備著。

最近，橫刀奪愛的事情很多，但畢竟自己還留有後補人選，對方也在想：「萬一不行，自己也有後補人選。」

由於雙方都有後補人選，想要結合在一起，就變得非常困難。

雖然在過去的轉生當中，已經建立了各種各樣的人際關係，但也有在今世所產生的緣分。

儘管有「業」和「緣分」的說法，但若是太拘泥於宿命論，也會產生問題。

對於和自己偶然相識的人，應當做是有緣相會，並共築更美好的人生，能這樣想是最好不過了。

對於和自己偶然相識的人，

應當做是有緣相會，

並共築更美好的人生，

這是最好不過了。

8
「結婚對象」與「狗尾巴」的關係

關於「得到最佳伴侶的辦法」，有人曾為此而苦惱了五年、十年甚至二十年，但結論卻意想不到的簡單。

與大家設想的恰恰相反，最佳伴侶並非去追求而得到，因為越追反而會離自己越遠。

比如狗或貓等等，大家有沒有看過它們繞著自己尾巴轉圈時的樣子呢？

小狗或小貓，覺得自己的尾巴很稀奇，所以想轉個圈去咬，可是無論怎麼打轉都咬不到。尋找最佳伴侶，實際上和這種感覺非常相似。

而尾巴這個東西，如果不去追，忘了它的存在而向前行的話，就會從後面自動跟隨自己。

但是如果去追的話，它就會逃走。

我想說就是，請各位做一個「讓對方想說：『我想跟你結婚』」的自己。

雖說每個人理想中的伴侶形象皆不相同，但是當自己心中理想的對象出現在眼前時，自己必須要讓對方覺得想和你結婚。這是先決條件。

追求自己的理想對象，並不是先決條件。

把自己理想伴侶的條件開出來，然後說：「自己理想中的人就是這樣的，如果是這樣的人，就想與他結婚。」之後依此條件去追尋。很遺憾地，這樣是找不到的。

不應如此追求，而應考慮：「當理想的人出現時，此人會想要和什麼樣的自己結婚呢？」為此進行過自我改變的人，理想中的伴侶才有可能會出現。

做一個讓理想中的對象，

說出「我想和你結婚」的自己，

是先決條件。

9 遇見理想男性的祕訣？

每個人皆有各自的「守護靈」。

這個守護靈，最瞭解妳心中最有吸引力的男性是什麼樣的人。

那麼，讓守護靈撮合理想男性的祕訣在哪裡呢？只有一個，就是每天在心中祈禱。

無論是晚上睡覺，還是早上起床，都要祈禱和許下誓言：

「請讓我遇見理想的男性，請讓我遇見能夠給自己帶來幸福的伴侶。為了與理想之人相遇，我會每天拚命努力，做一個理想的女性。」

此外，妳的相信之心越強，實現的可能性就會越高。

關鍵就在於妳必須要維持美麗的心境，懷有堅定的相信之心。越是相信守護靈，守護靈就會像磁鐵的吸力一樣，發揮強大的力量。

正如這一句話「天助自助者」，守護靈的力量將會因你心靈的光亮程度而得到倍增。

越是相信守護靈，

守護靈就會像磁鐵的吸力一樣，

發揮強大的力量。

10 如何讓喜歡的人對自己說「我們結婚吧！」

在現實中，讓喜歡的人對自己說「我們結婚吧！」的方法，的確是有的。當然，這和兩人是否有緣息息相關。

要測試兩人是否有緣，首先可在心裡想像一下和對方過新婚生活的情景。

從舉行婚禮、新婚旅行，然後是新婚生活，一直到和對方有了小孩子。

兩個人一起養育子女，白頭到老，在即將離開人世時，對方是否會說：「和你結婚真好」？

試著在心中的螢幕上描繪一下，想像這樣的故事情節能否連續下去。

如果這個故事一直很順利地發展下去的話，或許結婚的可能性就很高了。

然而，若出現「無論怎麼描繪，最大的限度就是到婚禮，從那之後的事情就無法想像了。」如果是這樣，或許那個人不是你的結婚對象。

首先，要確認以上這一點。

如果能在心中描繪和對方的婚姻生活，接下來就可以思索一下：「從現在開始，自己必須要做些什麼？」

如果是女性的話，漸漸地讓自己散發即將當新娘的氛圍，經常在心中想：「對方希望妻子做的事情，大概是這些吧！」並且開始行動。

自然而然地，對方就會像中了催眠術一樣，開始陷入妳就是他的妻子的錯覺之中。並且，漸漸地就會按照妳的催眠行事。

表現出即將要結婚的行動，營造出一種即將要結婚的氛圍，這

很重要。如果對方也漸漸地沉浸在那氛圍之中，那就非常有希望了。

然而，若妳做出彷彿新嫁娘的舉動後，對方則開始想保持距離，那就必須要注意對方是否只是抱著玩玩的心態。

此時若沒有看穿對方只是在玩玩，只因為自己急於結婚，而無所警惕地加深彼此的關係，那麼當過了高峰期後，對方就會遠離而去。

除此之外，聰明的女性，還可用套話的方式，讓對方講出真話，或者也可以試著先得到週遭的人的承認。

但是，這種由外而內的方法，除非有相當把握，否則事後若不成事，有可能會在妳的心裡留下很深的傷痕。

總之，最終還是要看有沒有緣分。

所以，如果因為沒有緣分而告吹的話，也要想：「這次是這次，還有下一次機會。」

營造出一種

即將結婚的氛圍。

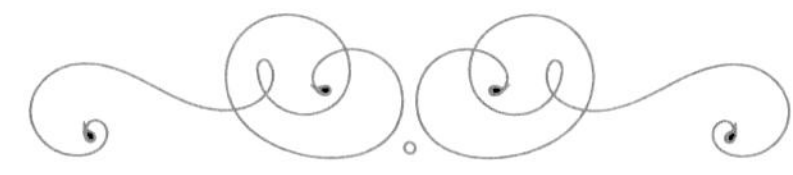

Chapter 3

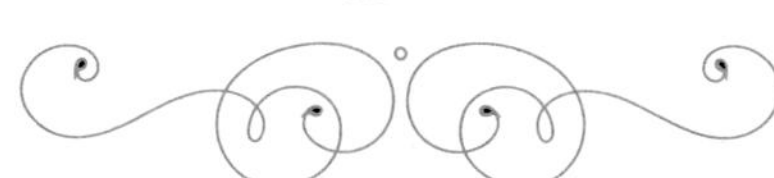

讓家庭更幸福美滿

11 覺得「糟糕！完了！」時的脫困法

有時候，早上丈夫起床後一直在等吃早餐，而妻子還在睡覺，飯也沒做。

妻子慌忙起來，披頭散髮、睡眼朦朧地說：「你在幹嘛？」丈夫埋怨道：「還問在幹嘛，現在都幾點了呀，馬上要上班啦，早餐咧？」妻子聽到後說：「別這麼計較啦！」

如果此時妻子再進一步回嘴嘮叨：「現在是怎麼樣？如果你早三十分鐘叫醒我，我就來得及做早餐啊！要怪都要怪你！」若是這麼說，雙方一定會吵起來。

這一吵下去，若在心中產生毒素，那就大錯特錯了。

開始覺得「糟糕！」的時候，能否走對下一步就很關鍵了。當覺得「糟糕！」的時候，就要想想如何才能擺脫窘境，並且引導到好的結果。

人無法同時考慮兩件事情，這是一個法則。此時就要運用這個法則，這個法則也稱為「哄小孩的法則」。

小孩子若一下子看不到父母親，就會開始哭鬧。一旦發覺父母不在身邊，就會感到受冷落而哭泣。此時，如果把一個玩具或球扔過去的話，小孩子就會朝那邊看，並且往那邊爬過去，一下子就會停止哭泣了。

這就是哄小孩的法則，小孩真的會因此停止哭泣。

同樣，丈夫也可以作為哄的對象。

「親愛的，前幾天我聽到某某人說你能幹，稱讚了你一番耶！」等等，一說這樣的話，丈夫就會追問：「是嗎？」接著丈夫就不再發火了；這和哄小孩是一樣的道理。

丈夫若問：「到底稱讚我什麼了？」那麼妳就可以繼續回答說：

「他說你做的工作都很圓滿成功！」

「也是啦！而且我是不吃早餐，就去工作的熱血硬漢！」就這樣，問題就能解決了。

運用「人無法同時考慮兩件事情」的這個一法則來「哄大人」，然後再繼續勸說，問題就會迎刃而解。

當有發火或惱怒的波動時，要能夠馬上轉移話題。改變想法，就會打消發火的念頭。如果己心遭受很大的波動就不妙了，所以要很果斷地打消發火的念頭。

之後再抽個時間，譬如丈夫晚上回來時，額外準備一道菜，「親愛的，今天早上對不起噢！為了補償你，我特別為你做了一道菜。」

像這樣來彌補一下。

用「一日一生」的態度來做完當天的事情。

不過，請不要忘記要真誠對待。

人無法同時考慮兩件事情，
試著用「哄小孩」的方法
來「哄大人」。

12 有些話講出來只需一瞬間，但效果竟能持續十幾年

夫妻常年生活在一起，但是有人對於妻子或者丈夫所做出的努力，從來沒有說過讚美的話語。

為什麼要躊躇於講出讚美的話語呢？講讚美的話是不需一毛錢的。

譬如，妻子今天的化妝比平時更漂亮了些，哪怕僅是漂亮了一點點，讚美一下不是很好嗎？

或者，丈夫回家時間要比平時早十分鐘，稱讚一下不是很好嗎？即便丈夫只提前了十分鐘回家，如果能對他說一句：「你比平常早回來耶！今天很有工作效率喔！」丈夫就會高興地想：「是啊！如果以後也能夠有計劃地完成工作，早點回家，老婆也會高興啊！」

就像這樣，哪怕是一點小事，也是可以誇獎的。

對於他人對自己講過的壞話，人是會幾十年都記得的；同樣受到讚美時，也會記得一清二楚。即使別人只是稍微地指責，人會記得十年左右，相同的，就算是幾句讚美的話語，也會記得十年左右。

然而，說出來那些話語，真的只是短暫的一瞬間，但是這一瞬間的效果卻是很大的。

維持良好的人際關係，引導走向幸福的方向，一毛錢也不需要，也不需要汗流浹背。

需要的就是改變心的態度，以及具體地表現好意；這是很重要的。

即便僅是受到一點點的讚美，
人是會記得十年左右的。

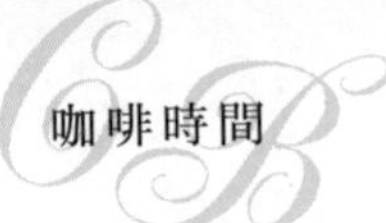

13 用言語表達感謝

對於家人的關愛，重要的是要用話語表現出來。

人們對於新鮮、感動的相遇，可以很簡單地講出動聽的話語。

但是在平凡的生活當中，就很難持續說出新鮮動聽的話語。

就好像太陽每天都照耀著大地，人們往往會忘記感謝一樣。

太陽每日打從東邊昇起，如果這是一件令人感激的事，人們就必須要對太陽表達感謝。

而夫妻之間也是一樣，對於每天能夠快樂地生活在一起，也必須要相互表達感謝。

而且要用言語來表達感謝，用話語來表達感謝之情。

如果各位已經遺忘了感動之心，那麼請各位回歸初心。

早晨醒來的時候，要想：「今天，又被賦予了生命。」、「夫妻互相要說出動聽的話，相互關愛！」希望各位不要忘記這樣的努力。

用言語來表達感謝，

用話語來表達感謝之情。

14 家庭失和的原因，百分之九十九在於「惡靈作祟」

家庭失和之時，幾乎百分之九十九都是惡靈作祟。

當然，若從世間的角度來想，可以找到很多合理的解釋，但是其背後一定有惡靈在作祟。

因此，當夫妻不和、吵架、鬧離婚時，希望各位能停下來好好想一想：「這真是自己所想的嗎？」

總是看到別人壞的一面時，多數是因為自己被惡靈侵入了。有句話說：「總是把週遭的人看做是惡人的人，此人就是最大的惡人。」這句話真是如此。

在家庭當中，若某一方總是看到別人不好的一面時，通常此人才是惡人。

正因如此，各位必須要好好想想，現在的想法真是自己所想的嗎？還是出自於另一個世界？更明確的說，是否是出自於憑依的惡靈呢？

《檢查一下！這種時候是「惡靈在作祟」》

□總是覺得對方很壞。

□不管怎麼想，總覺得對方老是很糟糕。

□自己認定對方肯定已被惡靈入侵。

□直到昨天都和睦相處，可是今天一下子就改變對對方的看法。

□不自覺得一直想起對方從結婚以來的缺點，或從結婚前開始所發覺到的缺點，不禁令人想到：「所以這樣的婚姻會不會錯了呢？」並將這樣想法合理化。

□「這個時候、那個時候，還有那個時候，你做了那樣的事」，平時不記得的事情都想起來了。

□不只是針對對方本人，連對方家裡的人也覺得有問題。

□「你的兄弟姊妹不好」、「你的朋友不好」或「你的公司不好」等等，想否定對方的一切。

□覺得「唉，這是一個錯誤的婚姻。明明前世沒緣分，結錯了婚。」

□亂搞外遇或三角戀等等。

□親子或婆媳之間，持續發生激烈的爭執。

即便原本只有妻子或丈夫一方被惡靈侵入，若被侵入的一方，一直責怪對方的話，另一方也會被惡靈侵入。若是雙方都被惡靈侵入，吵得不可開交的話，那麼就會變得難以收拾了。之後回過頭才發現：「為什麼會變成那樣？」，這些大多是惡靈在作祟。

關鍵是此人所持有的執著、煩惱，或是批判他人之心，挖人缺點的心，這些心念引來了惡靈，並讓此人如此想法更加強烈。

於是，自己就會變得不再是自己了。

總是看到別人壞的一面時，

多數是因為自己被惡靈侵入了。

15 夫妻之緣、親子之緣的靈性真相

夫妻之間有很深的緣分。人們常說夫妻是「三世之緣」，若是瞭解靈性的真相，就會明白夫妻之間的緣分真的很深。

偶然出生到這個世界、偶然結婚、偶然有了孩子、偶然走過幾十年的人生，這樣的事情是不可能的。

「從幾千萬人中選中唯一的一個人」，這絕對不是偶然的事情。

如果知道大多數的人，每經過幾百年就會轉生，那麼也就會明白，自己選擇作為伴侶的人，在過去的無數次轉生之中，多數情況下也曾是自己的伴侶。

這是理所當然的事情。

當考量要轉生於世間後，想和過去相處融洽的人或很投緣的人，再一起組成家庭，這也是很自然的想法吧！

因此，夫妻之間要以在今世經營一個出色的家庭，來世亦要成為夫妻為目標，建立理想的家庭。

這才能說是今世精彩的「羅曼史」。

此外，親子之緣也是非常深的。

親子的關係，鮮少是偶然成立的。

從父母的立場來看，常常容易覺得：「好孩子就認為是和自己有緣分，壞孩子就會覺得是哪兒出了錯。」但其實並非如此。

在親子的緣分中，蘊含著靈魂的教育，是為了解開「家庭習題集」，親子之緣才被設定的。

因此，即便父母親現在正為了孩子的事而苦惱，但請不要忘記那也是靈魂習題集中的一個問題。

各位的孩子是各位自己選擇的，必定和各位有著緣份。

父母親在教育孩子的過程中，亦會經歷到一課，即是「父母會從孩子的身上，看到自己的影子。」

看到孩子的身影，父母親多會有所感觸，會回想起孩童時期的自己，了解到自己到底是怎麼樣的性格。

孩子就是父母的鏡子，父母必須透過孩子的身影，對自己進行反省。

此外，對於父母來說，孩子可以實現自己未實現的願望，是一棵寶貴的「希望之樹」。

就像這樣，親子之間世世代代，一直連綿不斷地演繹著人生的「羅曼史」。

夫妻之間有著很深的緣分；

親子之緣當中亦蘊含著靈魂的訓練。

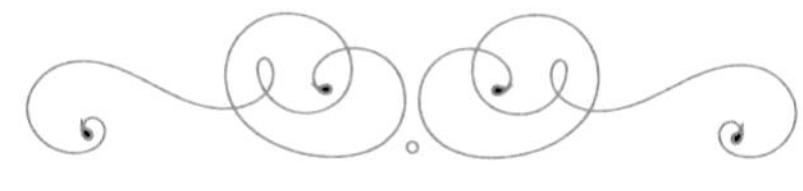

Chapter 4

成為一個能喚來成功的人

16 是否以「一副景氣蕭條的臉色」在工作？

我以前在公司工作的時候，常常需要和客戶進行許多交涉，我總是以「一副景氣最旺的態度」去訪問客戶；一直都是如此。

有意思的是，如果以一副景氣蕭條的臉色走進門的話，人們是不會靠近過來；但若是笑瞇瞇地走進門，人們就會靠攏過來。

進大門之前，緊緊地繫一下領帶，微笑著走進去，五、六個人會一個接一個的出來打招呼：「歡迎光臨！」並會問：「有什麼好事嗎？」即使說：「啊，也沒什麼」，他們還是會過來。

我想這是做生意的秘訣；但這不僅適用於做生意，也是維持良好人際關係的秘訣。

人是很難對面帶笑容的人，抱持著敵意的；這是鐵則。

如果對著滿臉笑容的人抱持著敵意，反而會覺得自己是多麼的差勁。

對著笑瞇瞇的人口出惡言，就會覺得自己真是壞。如果對方聽到了你的惡言，依舊是面不改色、笑容不減的話，你就只能舉雙手

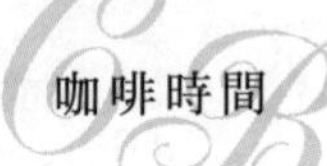

投降了。

因此，可以說「笑容是消除敵意的最好方法」。

人是很難對面帶笑容的人，
抱持著敵意的；這是鐵則。

17 痛苦之時，勉勵自己的「光明話語」

就像笑容可以裝飾臉龐一樣，話語也可以裝飾人的品格。

經常說悲觀話語的人，周圍會形成一種無法形容、很難接近的氛圍。會讓別人感覺到，如果接近那個人的話，自己也會變得不幸。

此人越說一些悲觀的話，就越發讓人覺得厭惡。

即便早上出門時遇到不愉快的事情，但如果一整天都將這種不愉快，一直掛在嘴邊的話，那麼這件事不僅對此人的人生是負面的，對其他人的人生也是負面的。

一天中，如果遇到了什麼好事，就要用話語表現出來。

藉此，除了自己會平添幾分開朗的心情，聽到這話語的週遭人們，也會覺得很開心。

越是痛苦、悲觀的時候，就越要說一些積極的、振奮的話語。藉由這些話語，一口氣切斷那些灰暗的情緒。

我認為，這對於成功的人生來說，這是最重要的方法之一。

成功人士經常會說積極的話語；成功人士經常會說建設性的話

語；成功人士經常會說樂觀的話語。為什麼呢？那是因為話語就像是一台牽引車。

馬車透過馬的牽引來前進，同樣地，話語正是人生的牽引車。藉由話語，人將變得幸福或不幸。既然如此，做為人生牽引車的話語，更應該有效地利用。

說出一句積極的話，就相當於將一匹馬的馬車變成二匹馬的馬車。如果再說出一句積極的話，那麼就相當於有三匹馬拉車。如果能夠再說出一句更積極的話語，那麼就相當於有四匹馬拉車。

就像這樣，力量會越變越強。

如果因為一句積極的話語而成功的話，只要想「自己的馬力增

加了」就好了。

如果多一匹馬，那麼自己的馬車就能夠更快更有力地奔跑，而且能夠載更多的人，運更多的貨物。

各位必須要知道：「話語有著如同轅馬拉車一樣的力量」。

話語是人生的牽引車。

藉由話語，人將變得幸福或不幸。

18 十分鐘的「咖啡時間」，會讓工作效率倍增

上班族的工作大多數是從早上八點半開始，到傍晚五、六點左右結束。

但是若從效率來看，文書處理的工作，不可能一天做上十二小

時以上，不僅如此，這期間有很多時間是被浪費掉的。

從早上一直做工作做到午休，這還有可能。但從下午開始，就會開始出問題了。

或許也有不顧一切拚命工作的人，但是希望各位能認識到：「人的集中力無法持續三個小時以上。」

因此，工作兩到三個小時之後，就該喝喝咖啡，稍做休息。捨不得休息十或十五分鐘的人，反倒浪費了更多剩下的幾個小時。

各位要努力在工作當中，休息個十分鐘或十五分鐘。

運用這段時間，可以喝喝茶，與同事聊聊天，稍微刻意地進行

放鬆精神的活動。

原則上，最重要的工作要放在最佳狀態時來做；這一點很重要。

把單純整理性的工作留在傍晚以後，在精神及身體狀態最佳的時候，做最重要的工作。要努力做到這一點，這是很重要的。

捨不得休息十或十五分鐘的人，

反倒浪費了更多剩下的幾個小時。

19 將成功吸引而來的「念力」

人的意念，實際上具有非常強大的力量。

或許也可以說，這種意念真的具有物理的力量。

若要對「念力」進行說明的話，它正好相當於「設計」一詞。

在蓋房子時需要設計圖，沒有設計圖，房子就無從蓋起了。與

此相同，「意念」就相當於此人規劃一生的設計圖。

而且，意念並不單純僅是設計圖，它還蘊含著更大的作用。

換言之，還在畫設計圖的階段時，這份藍圖已開始發揮功用了。不久之後估價也估好了，各類建築師傅也聚集而來了，建設資金也到位了；這張設計圖會自動發揮力量，房子就會按圖建立起來。

假設有一個人，繪製了一張房子的設計圖。

當那份設計圖打開後，某個人從旁邊經過，並停下腳步，再仔細看過設計圖後說：「這的確是座好房子，一定要蓋起來。」

於是，那個人就召集朋友，帶來了有錢的朋友和認識木工的朋友等等。

那個人說：「有這樣的設計圖，我想把這個房子建起來，怎麼樣？你們能幫幫我嗎？」

於是，有錢的朋友答道：「我手上有這個建築物所需費用的一半現金，剩下的一半，憑我的信用，可以去銀行貸款。這事就交給我吧！」

另一個朋友說：「正好我認識一個手藝很好的木工，馬上和他談談。看樣子，這個月之內就可以開工了。」

最初提案的人，雖然想建這個房子，但會考慮：「那麼，這個設計圖是誰繪製的呢？」

那個人在找到設計圖擁有者後，才知道是一個沒有錢，但有著

夢想的年輕人所畫的。

於是，那個人會說：「這個設計圖是你設計的啊！真是一位有前途的青年啊！好，我來幫幫你，按照你的希望建好這個房子。」

以上雖然是打比方，但實際上確有此事。

各位雖然每天沒有察覺到，但守護靈、指導靈是真的存在的，他們常常費心指導各位。

因此，對於各位在心中所強烈描繪的願景，四次元以上世界裡的人會前來幫忙。

而在世間，持有著具體目標的人，其身旁也容易聚集幫手。

這是因為此人明確的目標感動了人們。

所以，各位要明確地認識到人的意念力量。

人的意念

真的具有物理性的力量。

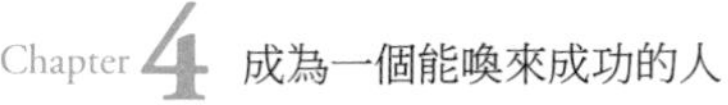

20 獻給頭腦聰明卻無法成功的你

世上有很多被認為是頭腦相當聰明的人。

然而，這樣的人在工作上就會有出色的表現嗎？那也未必如此。

有人頭腦很聰明，但在工作上沒有多大成就，也沒有多高的地位，也只拿微薄的薪水，常常會令人覺得想不透。

我也覺得不可思議，便開始觀察為何會這個樣子。

觀察之後，所得到的結論是：「此人熱情不足」。

不管是如何聰明的人，如果沒有熱情的話，前方之路是不會打開的。

有了熱情，工作才會開始顯現成績。

比方說，燒製陶器的時候，不論是再出名製陶達人，不論是粘土再怎麼好，上色再怎麼精彩，圖案畫得再好，但如果窯火的熱度不夠，也無法燒製出好的陶器。

要燒出色彩鮮豔的作品，需要的就是如火的熱情。

缺乏這樣的熱情，就算有再好的材料，有再好的設計，也無法

製作出一流的作品。

耶穌創下了如此偉業，也是因為有熱情吧！

另外，蘇格拉底也是位頭腦聰明的人，能在人類史上留下大名的人，還是因為有熱情。

孔子立下那麼多的豐功偉業，一邊巡訪各國，一邊傳播其思想，能讓孔子持續不斷的原動力，就是熱情。

釋迦牟尼能留下如此大的偉業，也正是因為有了熱情。

昔日，人們常常將頭腦聰明的人說成「像釋迦一樣」。但光靠頭腦聰明，是做不了什麼大事的。

總之，沒有熱情是不行的。

不管是多麼好的東西，如果被埋沒起來的話，也就沒有未來了。把埋沒起來的東西挖掘出來，並且予以淬煉、拋光，為此不可或缺的就是熱情。

工作需要體力，也需要智力，但是，勝過這一切的是熱情。充滿熱情地工作，前方之路才會真正地打開。

缺乏熱情，是絕對做不好工作的。

無論是如何聰明的人，

若缺少熱情，

前方之路將不會打開。

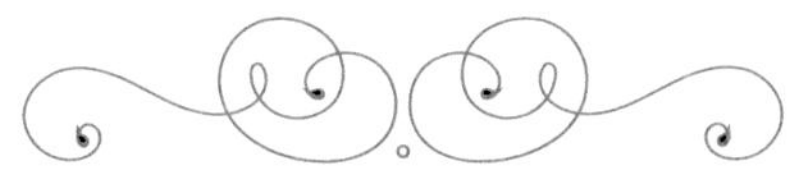

Chapter 5

改善不和諧的人際關係

21 不要認為自己是孤獨的存在

我想敘述一下何謂「人類的幸福」。

我想對大家說：「人的幸福產生於人與人之間。」

如果這個世間只有自己一個人的話，那是絕對不會產生幸福的。

如果只是一個人的話，或許不會產生不幸，但同樣也不能體會到幸福的滋味。就好比獨自一人生活在南海孤島上，那是難以體會幸福滋味的。

畢竟有他人的存在，能夠相互交談、相互握手、互相關愛、一起工作、共同生活、共同學習，藉此才能感到喜悅，品味幸福。

請各位不要認為自己是孤獨的存在；應該為自己是大千世界中一份子而感到高興。

如果各位是像幾十公尺高，或是一百公尺高的紅杉一樣孤獨的話，各位覺得如何呢？會感到幸福嗎？

雖然在群體當中的自己，有時會覺得悲傷、寂寞，但正因為自己亦是一個個體，才能夠與眾人一起共同進步、共同生活。

人的幸福，就是起因於如此的個體，而如此個體是存在於群體之中的。

幸福存在於人與人之間。

如此看來，幸福與愛是多麼相似。愛也存在於人與人之間，愛與幸福真是太相似了。

幸福終究來自於愛！我是這麼認為的。

在這大宇宙中有一個太陽系，太陽系中有一個名叫地球的星球。不可思議的是那裡竟然住著八十億人，並且都是同一時代的同期生。

這是多麼美妙的事情啊！而且這麼多的人能夠一起生活，能夠互相關愛，帶給對方快樂。

請各位想想，能活在這樣一個世界裡，是一件多麼美好的事情啊！

即使什麼也沒有，不也是很好嗎？

請試著想一想，只要能夠生活在互相關愛的人際關係當中，是件多麼幸福的事情啊！

幸福存在於人與人之間。

22 與總是合不來的人相處的方法

各位有時會遇到那些看不慣自己的人，或者是自己也看不慣的人吧！

但是，請不要認為這樣的人全都不行，即使自己不喜歡對方，也要試著分析一下到底此人是哪裡使自己感到厭惡。

即使覺得「這方面合不來，自己不能接受」，但是也要看看其他方面：「這個人也有好的地方，某些方面還是不錯的。」如此心念，是會傳到對方那裡的。

於是，對方便會感覺到：「自己沒有被完全否定，這個人只是不欣賞我的這一部分，其他部分還是接受的。」

因此，對方就會開始改變自己。

因為此人明白了「與這個人談話時，只要注意這一部分就可以了」，此人就會改變自己，將自己好的一面呈現出來。

這在不知不覺中，就會促使對方開始改變。

藉由轉換另一種想法，找出對方的優點，對方就會改變。

但是，如果各位總是徹底地討厭對方，彼此的關係是完全不會改善的。

重要的是，不要完全否定對方。

女性在這一方面就很擅長。

比如說被求婚時，女性會說：「我比較喜歡做朋友」之類的話搪塞過去；女生特別擅長如此迂迴的方法。

男性比較難說出這類的話，但女性卻可以輕鬆講出。

雖然覺得她們真的很敢說，但如此高等技術，是一定要偷學起來的。

既然拒絕了對方的求婚，為何還要說：「我比較喜歡做朋友」

這類的話呢？我想這是因為女性不想樹敵吧！女性從本能上，就不想要讓身邊的朋友變成會攻擊自己的人。

結婚對象只有一個，但不能讓結婚對象以外的男性都變成敵人。因此，女性常用笑容築起一道防護牆。

男性就很不擅長這種技術了，男性要稍微向女性學習，「雖然無法結為連理，但還是可以做朋友」，持有如此態度也是必要的。

不要認為自己討厭的人全都不行，
要看到「這個人也有好的一面」。

23 如何與臉皮厚的人交往？

在與人交往的過程中，還有一個比較難的就是：「能夠容許對方得寸進尺到什麼程度？」

人若敞開心扉，別人就會進來。你退一步，對方就會進一步。再退一步，對方就更進一步，有人會這樣逐漸闖進來。我想有相當多的人，都在因這種類型的朋友而煩惱。

交到這種類型的朋友，往往其結果就是登堂入室，連你家米缸有多少米都知道。

簡單的說，這種人就是臉皮很厚，也正因如此，這種人常常被他人疏遠。

然而，各位也不要採取「不合拉倒」的如此極端態度，應該常常思考如何保持適當的距離。

「即使親近，也要到此為止。」需事先想好保持距離的方法。

若能保持一定的距離，就能長遠交往；若彼此間的距離太過親近，互相就會開始干涉，所以保持適當的距離很重要。

如果這部分沒做好，對方不斷闖進來，你一厭惡對方，彼此的關係就會斷掉。

這樣一來，對方就會覺得：「自己是那樣的好意，卻反而得到如此的反應，真是莫名其妙。」

這類型的人很難察覺自己已經太超過了，所以一開始，就必須與此人保持一定的距離。

雖然是玩笑話，但世上有一種說法：「從一對一起行走的男女背後觀察，從雙方彼此的距離就可以看出是什麼關係。五十公分是一個分水嶺。」

雖不知道這種說法的真偽，但各位除了在空間上要和對方保持距離，更需在心理上保持距離。

若能善於保持心理的距離，就能夠和各種類型的人交往。

然而，大部分情形，交往過深或完全不交往，這兩種情況從對方學到的東西都會減少。

「即使親近，也要到此為止。」

需事先想好保持距離的方法。

24 雖竭盡全力，卻仍未能守信時該怎麼辦？

為了維持與他人的信賴關係，「守信」的態度最為重要。當然，有的情況下，無法按照約定實行。即便如此，也必須抱著全力以赴的誠意。

無法信守承諾時，最重要的就是心中要想：「真是對不起，下

一次我一定會還。」

若用別的話來形容，就稱之為「留心」（留意於心中）。

我以前練過劍道，在比賽當中想要擊中對手面部時，往往專注力就只放在攻擊上，但若沒有一下子就取得有效的進攻分數的話，反而會被對方抓到空隙，進而失守。

因此，即使是在全力出擊，在心中也需留意。

這就是「留心」。

如果有如此的心態，就能夠建立下一個對策。

即便和對方承諾完成某事，但有時還是會發生失約的情形。

然而，從此人的人格是可以嗅出，此人到底僅是嘴上說說的人？

還是一個竭盡全力卻沒有辦到，但還是要「找機會彌補」的人？

因此，各位要有如此心態。

「守信」就是要維持這種精神，一定要心存與對方保持信賴關係的心情。

「無論多麼努力，結果卻做不好」，這樣的事情多不勝數。

但是，不能因為這樣就和對方徹底說再見，而一定要持著「如果還有改正機會的話，一定補回這個欠債」的心情。

這是建立信賴關係的基礎。

從此人的人格可以嗅出，

此人是不是一個

「想找機會補償」的人。

25 送給真想變得更溫和的你

如果無法體會對方的感受，那麼就難以對此人溫和起來。

特別是那些得天獨厚、生活優越的人，對待他人的態度總是會變得嚴厲，說出來的話也比較粗暴。有時會對他人說：「為什麼連這樣的事情都不會做？」

但是，當實際經歷過深刻的悲傷後，對他人寬容的範圍就會擴大。

那是因為此人深切地了解到，人在悲傷的樣子到底是怎麼一回事。

這種感覺，只有親身經驗過的人才會有深刻地體會。

經歷過悲傷的人，有其獨特的溫和感；歷經悲傷的人，會發出光明。

有句話說：「當從悲傷的谷底走出來時，光明就會展現。」我想說的就是這個意思。

與人接觸時溫和的目光、期待對方成長的心情，這些都是經歷過大悲的人所特有的。

不能原諒他人的人，有必要想想：「自己是不是沒有經歷過大的悲傷或挫折呢？」

人類能夠成大器的條件，自古以來，常常列舉的有：貧困、失業、降職、失戀、離婚、生病等等；考試失敗失學、留級、人際關係失敗等等，也是成大器的條件。

經歷過這些，內心有時會一時灰暗起來，但若克服這一障礙，就會像硫磺薰製的銀一樣，綻放獨特的光輝。

這樣的人，能真切地瞭解他人的感受。

因此，對對方的看法或態度，都會變成對對方的寬容。

不管是誰，其心中一定有不想碰觸的痛處。

但是，從來沒有失敗過的人，一發現他人心中的傷口，就會毫不在乎地用錐子去戳刺，用言語或行為傷害對方。

然而，經歷過人生谷底的人，將變得溫和，不會用錐子去刺別人的傷口。

內心的傷口曾被刺痛的人，是不會用錐子去刺別人傷口的。

這也是一種寬容。

當實際經歷過深刻的悲傷後，
對他人寬容的範圍就會擴大。

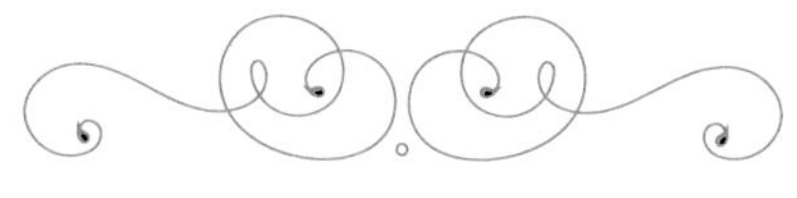

Chapter 6

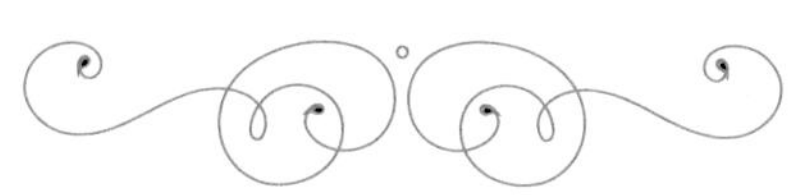

從今天開始向前邁出一步

26 人生是「發現真實自己之旅」

如果考慮人生的目的，我想第一個目的，應該是「發現真實自己之旅」。

擁有個性來到人世，本身就意味著：「要探究自己的人生」。

探究自己，就是要發現：「自己為什麼擁有這樣的個性而來到

人世？自己被給予了一個怎樣的人生呢？」

這探究自己、發現真實自己之旅，是誰也逃避不了的。

人生的另一個目的，就是「釐清與他人的關係」。

在與他人或社會的關係中，自己扮演什麼樣的角色？在與他人的關係中瞭解自己，同時要領悟到相互影響、共同生存的重要性。

這就是人生中兩個基本目的。

如果沒有他人的存在，單單自己一個人的話，就很難去瞭解自己。

和自己想法不同的人、自己喜歡或厭惡的人等等，各種各樣的人聚在一起時，自己才能了解自己。

儘管他人不會按照自己的想法行動，但是他人的存在，能夠讓自己認識自己，從這點來說就是非常可貴的。

這就是人類共同生活的原因所在。

如果沒有其他人存在，自己就完全無法了解自己。

其實，這就是佛神創造這個世界的理由。

佛神透過開展相對的世界，亦即透過創造相互磨合的世界，提升自我認識，並享受自身無限的可能性。

「發現真實自己之旅」和

「釐清與他人的關係」

——這就是人生的兩個基本目的。

27 以「進步一成」為目標

如果經常以「進步一成」為目標，絕不會錯。

要經常給自己訂下目標，要比現在的自己再進步一成。

若實現了「進步一成」，要再接再厲，以下一個「一成」為目標。

如果能這樣想，就不會犯大錯。

如果突然想十倍或百倍地進步，多少會有些痛苦。

最終來說，當然對於未來的自己懷有遠景是好事，但首先請各位先以「進步一成」為目標。

這適用於各個領域；比如說收入，與其想著馬上增加十倍或百倍，還不如首先試著增加一成。

如果想更有行動力，那麼就先試著從增加一成的行動力做起。

如果覺得自己不擅長外出行動，那就首先試著比現在增加一成的外出活動。

即便覺得「自己不擅長與人對話，但想要與人順利地溝通」，可是要突然間每天說個不停，也不是件簡單的事。

就像這樣，首先以提升一成為目標，試著努力與人溝通，或是讓自己多增加一成的外出活動。

讀書也是一樣；討厭書本，不常讀書的人，如果突然想從明天開始讀千卷書，那也不是件簡單的事。

與其那樣，還不如先訂下要比上月多讀一成書籍數量的目標，慢慢再增加書本的數量。

如果這樣來考慮問題，就不會做一些過分的事情。

「自己往好的方向發展了多少？增強了多少？進步了多少？」，如果每個人都能以此為中心思考問題就好了。

即便我想將國家、全世界打造成烏托邦世界，但所謂的烏托邦

亦是每個個人的聚集。

若能夠幸福的人從一人增加到兩人，再從兩人增加到三人的話，這樣，最終就會實現烏托邦。

要經常以進步一成為目標。

建立溫暖家庭的話語

1

「痛苦的時期，同時也是美好事物開始的時期。」——如果能這樣思考，逆境就不再可怕。

2

在自己的週遭下一點功夫，逐漸恢復愉快的氛圍。這些細微的用心，往往人生會開啟意想不到之路。

3

透過展現笑顏，可以像調整收音機頻道一樣，改變心的波長。

4

要經常考慮是否有其他的觀點。

5

每週差不多一次，「自己都已經這麼憂鬱了，偶爾試著稱讚一下自己！」

6 人在轉生到世間前，在天上界就已經和將來的結婚對象約定好了。

7 對於和自己偶然相識的人，應當做是有緣相會，並共築更美好的人生，這是最好不過了。

8 做一個讓理想中的對象，說出「我想和你結婚」的自己，是先決條件。

9 越是相信守護靈，守護靈就會像磁鐵的吸力一樣，發揮強大的力量。

10 營造出一種即將要結婚的氛圍。

11 人無法同時考慮兩件事情，試著用「哄小孩」的方法來「哄大人」。

12 即便僅是受到一點點的讚美，人是會記得十年左右的。

13 用言語來表達感謝，用話語來表達感謝之情。

14 總是看到別人壞的一面時，多數是因為自己被惡靈侵入了。

15 夫妻之間有著很深的緣分；親子之緣當中亦蘊含著靈魂的訓練。

16 人是很難對面帶笑容的人，抱持著敵意的；這是鐵則。

17 話語是人生的牽引車。藉由話語，人將變得幸福或不幸。

18 捨不得休息十或十五分鐘的人，反倒浪費了更多剩下的幾個小時。

19
人的意念真的具有物理性的力量。

20
無論是如何聰明的人，若缺少熱情，前方之路將不會打開。

21
幸福存在於人與人之間。

22
不要認為自己討厭的人全都不行，要看到「這個人也有好的一面」。

23
「即使親近，也要到此為止。」需事先想好保持距離的方法。

24

從此人的人格可以嗅出，此人是不是一個「想找機會補償」的人。

25

當實際經歷過深刻的悲傷後，對他人寬容的範圍就會擴大。

26

「發現真實自己之旅」和「釐清與他人的關係」——這就是人生的兩個基本目的。

27

要經常以進步一成為目標。

後記

本書彙集了「召喚幸福的27個智慧」。我試著彙編本書內容，讓讀者在閒暇之餘閱讀時，能夠獲得足以讓自己豁然開朗的啟示。

本書當中有不少是女性們關心的主題，但無論是男女、年輕族群、疲憊的商務人士，也能從中獲得提示。

這一本儘可能以輕柔的筆觸，所創作而出的書籍，是依我個人發想而完成的。

也是一本無論是拿在手上的手感，或是在設計的流行性上，都有所堅持的作品。

若是讀者對內容有任何共鳴，盼望還請來信。我會試著考慮出版第二集、第三集。

二〇〇六年　六月

幸福科學集團創立者兼總裁　大川隆法

大川隆法描繪的小說世界・新感覺之靈性小說

《小說 十字架の女》是宗教家・大川隆法先生全新創作的系列小說。謎樣的連續殺人事件、混亂困惑的世界、嶄新的未來、以及那跨越遙遠時空——。

描繪一名「聖女」多舛的運命，新感覺之靈性小說。

小說 十字架の女①〈神祕編〉

8月出版！

神祕的連續殺人事件
與美麗的聖女
女子所背負的，
是「光」、
抑或「闇」——。

小說 十字架の女②〈復活編〉

小說 十字架の女③〈宇宙編〉

HAPPY SCIENCE

幸福科學集團介紹

幸福科學透過宗教、教育、政治、出版等活動，以實現地球烏托邦為目標。

幸福科學

一九八六年立宗。信仰的對象為地球靈團至高神「愛爾康大靈」。幸福科學信徒廣布於全世界一百多個國家，為實現「拯救全人類」之尊貴使命，實踐著「愛」、「覺悟」、「建設烏托邦」之教義，奮力傳道。

愛

幸福科學所稱之「愛」是指「施愛」。這與佛教的慈悲、佈施的精神相同。信眾透過傳遞佛法真理，為了讓更多的人們能度過幸福人生，努力推動著各種傳道活動。

覺悟

所謂「覺悟」，即是知道自己是佛子。藉由學習佛法真理、精神統一、磨練己心，在獲得智慧解決煩惱的同時，以達到天使、菩薩的境界為目標，齊備能拯救更多人們的力量。

建設烏托邦

我們人類帶著於世間建設理想世界之尊貴使命，而轉生於世間。為了止惡揚善，信眾積極參與著各種弘法活動。

入會介紹

在幸福科學當中，以大川隆法總裁所述說之佛法真理為基礎，學習並實踐著「如何才能變得幸福、如何才能讓他人幸福」。

想試著學習佛法真理的朋友

若是相信並想要學習大川隆法總裁的教義之人，皆可成為幸福科學的會員。入會者可領受《入會版「正心法語」》。

三皈依誓願

想要加深信仰的朋友

想要做為佛弟子加深信仰之人，可在幸福科學各地支部接受皈依佛、法、僧三寶之「三皈依誓願儀式」。三皈依誓願者可領受《佛説・正心法語》、《祈願文①》、《祈願文②》、《向愛爾康大靈的祈禱》。

幸福科學於各地支部、據點每週皆舉行各種法話學習會、佛法真理講座、經典讀書會等活動，歡迎各地朋友前來參加，亦歡迎前來心靈諮詢。

台北支部精舍
台北市松山區敦化北路 155 巷 89 號

幸福科學台灣代表處
台北市松山區敦化北路 155 巷 89 號
02-2719-9377
taiwan@happy-science.org
FB：幸福科學台灣

幸福科學馬來西亞代表處
No 22A, Block 2, Jalil Link Jalan Jalil Jaya 2,
Bukit Jalil 57000, Kuala Lumpur, Malaysia
+60-3-8998-7877
malaysia@happy-science.org
FB：Happy Science Malaysia

幸福科學新加坡代表處
+65-6837-0777
singapore@happy-science.org
FB：Happy Science Singapore

咖啡時間　招喚幸福的 27 個智慧

コーヒー・ブレイク　幸せを呼び込む 27 の知恵

作　　者／大川隆法
翻　　譯／幸福科學經典翻譯小組
封面設計／ Lee
內文設計／顏麟驊

出版發行／台灣幸福科學出版有限公司
104-029 台北市中山區中山北路三段 49 號 7 樓之 4
電話／ 02-2586-3390　傳真／ 02-2595-4250
信箱／ info@irhpress.tw
法律顧問／第一法律事務所　余淑杏律師

總 經 銷／旭昇圖書有限公司
地址／ 235-026 新北市中和區中山路二段 352 號 2 樓
電話／ 02-2245-1480　傳真／ 02-2245-1479

幸福科學華語圈各國聯絡處／
台　　灣　taiwan@happy-science.org
地址：台北市松山區敦化北路 155 巷 89 號（台灣代表處）
電話：02-2719-9377
官網：http://www.happysciencetw.org/zh-han
香　　港　hongkong@happy-science.org
新 加 坡　singapore@happy-science.org
馬來西亞　malaysia@happy-science.org
泰　　國　bangkok@happy-science.org
澳大利亞　sydney@happy-science.org

書　　號／ 978-626-96235-7-0
初　　版／ 2022 年 8 月
定　　價／新台幣 360 元

國家圖書館出版品預行編目 (CIP) 資料

咖啡時間：招喚幸福的 27 個智慧／大川隆法作；幸福科學經典翻譯小組翻譯. -- 初版. -- 臺北市：台灣幸福科學出版有限公司，2022.08
160 面；14.8×21公分
譯自：コーヒー・ブレイク　幸せを呼び込む27の知恵
ISBN 978-626-96235-7-0（平裝）

1. CST：幸福　2. CST：生活指導

176.51　　111012682

廣告回信
台北郵局登記證
台北廣字第5433號
平信

IRH Press Taiwan Co., Ltd.

台灣幸福科學出版有限公司

104-029 台北市中山區中山北路三段49號7樓之4

台灣幸福科學出版　編輯部　收

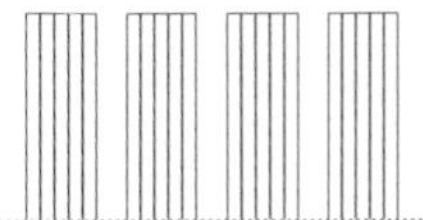

請沿此線撕下對折後寄回或傳真，謝謝您寶貴的意見！

大川隆法 Ryuho Okawa

咖啡時間

台灣幸福科學出版有限公司

咖啡時間
讀者專用回函

非常感謝您購買《咖啡時間》一書，
敬請回答下列問題，我們將不定期舉辦抽獎，
中獎者將致贈本公司出版的書籍刊物等禮物！

讀者個人資料　※本個資僅供公司內部讀者資料建檔使用，敬請放心。

1. 姓名：　　　　　　性別：□男　□女
2. 出生年月日：西元　　　　年　　　　月　　　　日
3. 聯絡電話：
4. 電子信箱：
5. 通訊地址：□□□-□□
6. 學歷：□國小 □國中 □高中／職 □五專 □二／四技 □大學 □研究所 □其他
7. 職業：□學生 □軍 □公 □教 □工 □商 □自由業□資訊 □服務 □傳播 □出版 □金融 □其他
8. 您所購書的地點及店名：
9. 是否願意收到新書資訊：□願意　□不願意

購書資訊：

1. 您從何處得知本書的訊息：（可複選）□網路書店　□逛書局時看到新書　□雜誌介紹
   □廣告宣傳　□親友推薦　□幸福科學的其他出版品　□其他

2. 購買本書的原因：（可複選）□喜歡本書的主題　□喜歡封面及簡介　□廣告宣傳
   □親友推薦　□是作者的忠實讀者　□其他

3. 本書售價：□很貴　□合理　□便宜　□其他

4. 本書內容：□豐富　□普通　□還需加強　□其他

5. 對本書的建議及讀後感

6. 盼望您能寫下對本公司的期望、建議…等等。

IRH Press Taiwan Co., Ltd.
台灣幸福科學出版有限公司